गांधारी से द्रौपदी तक

अभिलाषा कुमारी

BookLeaf Publishing
India | USA | UK

Made with ❤ on the BookLeaf Publishing Platform
www.bookleafpub.in
www.bookleafpub.com

Dedication

उनके लिए, जो मेरे अपने हैं।

Preface

यह संग्रह एक यात्रा है - शब्दों और मौन के बीच। कुछ क्षण ऐसे थे जब भाव सहज ही बहते गए, जैसे शब्द स्वयं अपना रास्ता जानते हों, और कुछ पल ऐसे भी आए जब हर पंक्ति ठहर-ठहर कर, संघर्ष से जन्मी। शायद यही लेखन का सत्य है - जहाँ सहजता और कठिनाई, दोनों मिलकर अभिव्यक्ति को अर्थ देते हैं। यदि इन पंक्तियों में आपको अपने अनुभवों की कोई झलक मिले, तो यह यात्रा सार्थक होगी।

Acknowledgements

1. अपराधबोध

हजारों कविताएँ, लाखों कहानियाँ
अनगिनत बहसें, तीखे प्रतिवाद
पितृसत्ता के ख़िलाफ़, समानता,
स्वत्व, स्वायत्त और स्वाभिमान की |
गर्व से उमड़ आया मन कई बार,
भरी आँखों से पढ़ीं आवाज़ें क्रांति की,
सुनी प्रतिध्वनियाँ जब,
पितृसत्ता के सूक्ष्मतम रूपों तक के विरुद्ध |
कितनी ही बार थामा झंडा,
बोले मुखर हो अन्याय के विरुद्ध
पितृसत्ता के विरुद्ध, उस व्यवस्था के विरुद्ध
जिसने असमानता को औचित्य दिया |
फिर भी जाने क्यों दस्तक दिए अपराधबोध ने
जब गई पहली बार मंदिर मासिक धर्म में
जब छोड़ी समाज की मान्य ज़िम्मेदारियाँ
जब तोड़ी पितृसत्ता में लिपटी परम्पराएँ |
जाने कितनी बार बेमन निभा भी लिया रस्में
कहा - हम मानते नहीं, बस मान रख लिया इस बार
कुछ नहीं बिगड़ता दो-चार बातों से
कभी ये कहकर भी कर ली एक रियायत |
और उसी क्षण चढ़ गई एक और परत
पितृसत्ता की हमारे ही हाथों
हर क्षणिक समर्पण, हर मौन स्वीकृति
थोड़ा और क्षीण कर देती है

पितृसत्ता के प्रतिरोध में उठती चिंगारी,
और खींचता चला जाता है वो पथ
जिसके छोर पर पितृसत्ता का अवसान निहित है |

2. परहेज

मैं परहेज ही रखता हूँ
बातें करते वक्त,
आमने सामने बैठने से |
यद्यपि यूँ बैठना,
बातों के परे व्यक्ति के
अंतर तक झाँकने का अवसर देता है |
किंतु फिर अपने भीतर की
दुनिया, जो औपचारिक आडंबर
और खोखले मुखौटे से ढँका होता
अनचाहे खुल जाने का भय रहता है |
इसलिए मैं परहेज रखता हूँ,
यूँ आमने सामने बैठ बातें करने से
मैं बराबर में बैठ जाता हूँ,
बातें भी हो जाती
और कुछ ज़ाहिर भी नहीं होता |

3. गांधारी से द्रौपदी तक

ऐसी कितनी गांधारी
अपनी आखों पर पट्टी बांध लेती हैं
ख़ामोश विद्रोह में
इज्जत भरे अन्याय के ख़िलाफ़
तो कभी बस खामोशी में
समाज मान्य जिम्मेदारियों के नाम
और शायद इस तरीक़े से पहुँच जाता
हमारा समाज
गांधारी से
द्रौपदी तक |

4. अधूरा सच

कभी - कभी इच्छा होती है
लिख डालूं सब कुछ
वो सब लिख डालूं
जो मैं सोच रही हूँ
जो मैं महसूस कर रही
पर शायद रह जाता है
हर बार वो सच
जिसका सामना मैं
करना नहीं चाहती
या शायद जिसे
कुछ वक्त बाद, मैं
सच मान नहीं पाऊँगी
या शायद मानती तो हूँ
पर इतनी हिम्मत नहीं
उसे शब्दों में डाल
ये मान लेने का
कि, ये मैं हूँ
सिर्फ और सिर्फ मैं
जो शायद किसी कहानी
उपन्यास के आदर्श चरित्र सा
आदर्श नही है
उन किरदारों में से भी नहीं है
जो बस किरदार थे
पर उन किरदारों को

कुछ कहानियाँ को
समरूपता के भाव पर
उतार लेना चाहती थी
मैं जीवन में
जिसके साथ कुछ वक्त
साथ चलते-चलते
मैं, मेरे जीवन का
स्वाभाविक हिस्सा मानने लगी थी |
इसलिए मैं लिखती हूँ आज फिर से
थोड़ा झूठ,
अधूरा सच,
और अपने सच और झूठ के बीच का वो फासला,
जो शायद कभी किसी कहानी का
हिस्सा बन जाएगा |

5. बनारस

कुछ नया सा
कुछ पुराना सा
जलती लकड़ियों के बीच
एक किनारा सा।
हसीं के कुछ ठहाके,
आँसू की कुछ बुँदे,
सृजन की रौशनी,
कहीं मातम का सन्नाटा।
पानी की छीटों से धुलते
अपने अन्दर समेटे
आगे बढ़े चली जाती
मौन ये नदी।
अपने ही धुन में गुम
तटस्थ देख रहा सब
मानो कुछ हुआ ही न हो
ये शहर, बनारस।

6. अनुभूति

वक्त-बेवक्त,हालात,परिस्थितियां
अतीत की कुछ अमिट स्मृतियाँ
स्मृतियों के वो मिले-जुले भाव
स्मृतियों के कुछ पहचाने चेहरे
हर चेहरे की अपनी स्मृतियाँ
हर स्मृतियों के अपने स्वभाव
स्वभाव की बदलती अनुभूतियाँ
चेहरे के मूल भाव से मिलते, घुलते
समय की एक सीमा लाँघ कर
साथ तय एक लम्बी दूरी के बाद
अनुभूतियों की शिथिलता के बाद
अतीत की धूमिल, अमिट स्मृतियाँ
अपनी रागात्मक पहचान के बाद
अंतिम बार, किन्तु पूरी तरह से
एक-दुसरे से अलग कर जाती हैं
अनजान बना जाती हैं चेहरों को
जिनमे एक हमारा खुद का होता है
जिसे वक्त-हालात तबदीली का श्रेय
अक्सर ही लोग देना भूल जाते हैं|

7. शब्द

शब्द, शब्द, शब्द...
शब्द चीखते हैं, चिल्लाते हैं
शब्द अपनी अस्तित्व पर आंसू बहाते हैं
शब्द, शब्द, शब्द...
एक ही शब्द के अनेक भाव
शब्द जो मैंने कहा
वो तुमने समझा नहीं
नहीं मेरा मतलब ये नहीं था
छोड़ो तुम नहीं समझोगे
संवाद खोखले पड़े हैं
शब्दों की कोई अहमियत नहीं है
शब्द बेतरतीब फर्श पर बिखरे पड़े हैं
शब्द जो अनायास ही ज़ुबाँ से निकल आए
अपनी
तौहीनता जताते हैं
संवाद
ये शब्दों का था ही नहीं
संवाद तो भावनाओं का था
जिसे हम शब्दों में बांधने की कोशिश करते रहे
पर कहाँ कर पाए हम शब्दों में व्यक्त
खुद को
खुदी को।

8. मैं और दुनिया

मैं और ये दुनिया
अक्सर कुछ यूँ मिलते हैं
एक दूसरे से, मानो मैं
हिस्सा नहीं इस दुनिया का
मैं एक प्रेक्षक हूँ
मैं अनवरत हूँ
मैं बस देख रहा हूँ
किसी नाटक की भाँति
इस दुनिया को बदलते
कुछ टिप्पणियाँ देते
हर इन्सान को,
सोच रहा हूँ
उसकी सोच को
कुछ निष्कर्ष निकाल
विराम लगा
आगे बढ़ जाता हूँ
अपनी दुनिया में
जैसे मैं हिस्सा नहीं
उस दुनिया का |

9. मुलाकातें

सफ़र में दो अजनबी मुलाकातें हो ऐसी
कि रास्ता कुछ देर साझा हो जाए
बातों में उम्र भर उतर आएँ,
कहानियाँ एक-दूसरे में घुल जाएँ ।

हदें इतनी ख़ामोश सलीके की हों
की नाम तक अनकहे रह जाएँ,
और आख़िर में,
सिर्फ़ एहसास पहचान बन जाए ।

10. चिंगारी

हवा बुझा देती है आग को,
पर जो चिंगारी
छुपी हो अब भी राख में,
आग की लपटें बन
धधक उठती है।
तुम बस इतना करना,
उस चिंगारी को ज़िंदा रखना।

11. तारीख़ें

बदलती तारीख़ें
स्थिर जीवन को ऐसे बदलती जा रही हैं
कि सदियों से स्थिर यह जीवन
अब तारीख़ों के साथ
अजनबी सा लगने लगा है।

12. तुम चुनना

लोग तुम्हें माँ, बहन, बहू
पत्नी और न जाने कितने रिश्तों
के नाम देंगे
पर तुम चुनना
अपना नाम
उससे जुड़ी अपनी पहचान
जो पहचान बने
तुमसे जुड़े रिश्तों का
न की वो रिश्ते बनें
तुम्हारी पहचान |

13. दूसरी प्याली

पहली प्याली चाय
बस होती है
क्यूंकि होना जरूरी है
एक अनिवार्य आदत की तरह
जैसे हर सुबह
नींद की देहरी लाँघकर उठना
जैसे रोजमर्रा की दौड़ में
अनमने मन का पीछे छूट जाना |

यह केवल एक आरंभ की
औपचारिक स्वीकृति सी होती है
जो दिन के शोर में
अक्सर कहीं खो जाती है |

किंतु दूसरी प्याली
मानो ख़ुद से चुपचाप
एक छोटी-सी मुलाकात
एक ठहराव, एक शांति
मानो समय की मुट्ठी से
एक पल छीन कर
अपने भीतर लौट आए हों |

जैसे हर घूँट कह रही हो
दोहराव नीरस नहीं

किसी चक्र में फँसना नहीं
बल्कि एक गहन प्रस्ताव है
की जो ज्ञात है
फिर से जाना जा सकता है
जो सामान्य है
वही असाधारण का द्वार बन सकता है |

कभी-कभी
जीवन का अर्थ भी
ठहरकर पिए गए
उस छोटे से घूँट में मिलता है
जहाँ आप अपने पास लौटते हैं
और पाते हैं
की आप हमेशा से वहीं थे |

14. संभाव्य

हर व्यक्ति अपने भीतर
एक और जीवन संजोए रखता है
कल्पनातीत, जो जिया नहीं गया
साक्षात और संभावनाओं के बीच
अचेतन की निर्जन गलियों में
अब भी अविरत चलता रहता है |

वह कल्पित जीवन बोलता नहीं,
बस कभी-कभी
अंतर के किसी अनदेखे कक्ष में
एक हल्की-सी द्योति छोड़ जाता है
किसी भूली कला में,
किसी चाह में,
कभी सड़क पर चलते हुए
उपजी उस अनुभूति में की
मैं यहाँ किसी और रूप में हो सकता था |

हम जो हैं
और जो हो सकते थे
इन दोनों के बीच फैली यह निस्तब्धता
ही शायद हमारे अस्तित्व का
सबसे सच्चा, सबसे प्रकट आयाम है।

शायद पूर्णता का अर्थ

सदा एक ही जीवन को निभाना नहीं,
कभी-कभी उस मौन संभाव्य छाया को
विनम्रता से स्वीकारना भी होता है,
जो भले ही हमारे साथ न चली,
पर हमारे भीतर से
कभी विलग भी नहीं हुई।

15. खिड़की वाली सीट

जब सफ़र लंबा हो
और सीट खिड़की वाली
तो सफ़र सफ़र नहीं रहता
मंजिल की तरह ही
अनकहा सुख बन जाता है |

जैसे कोई मौन कहानी
साथ चलने लग गई हो
दूर जाते खेत,
पास से गुज़रती हवा,
और उसमे कहीं खोया हुआ
हमारा ही कोई पुराना ख़याल |

बाहर सब कुछ बदलता जाता
और अंदर धीरे-धीरे
एक गहरी शांति उतरने लगती है |

शायद ज़िन्दगी भी
ठीक ऐसी ही
खिड़की वाली यात्रा है
बाहर दुनिया बदलती रहती है,
और अंदर
धीरे-धीरे
हम।

16. क़ैद

ख्वाहिशों की आजादी की जंग थी
हम ख़्वाहिशों में ही क़ैद हो गए
बात थी बसरते आगे बढ़ते रहने की
हम दिशाविहीन चलते चले गए
शांति की तलाश थी हमें
दुनिया की शोर में भीतर सुन्न हो गए
सादगी में जीवन बिताने का इरादा था
हम तो सादगी का ही दिखावा कर बैठे
आईने में टटोलना चाहा ख़ुद को
मगर वो भीतर की धुँध से पहले ही धुंधला हो चला था
चेहरों को समझने की कोशिश की हमने
पर लोग अपने चेहरे ही बदलते रहे
हम अपने ही सवालों के जवाब ढूँढते रहे
और ज़िंदगी चुपचाप हमें पढ़ती रही
और फिर अंत में जाना हमने
कि जो हासिल हुआ, खोने की दास्ताँ बन गया
और जो छोड़ दिया, वही यादों में ज़िंदा रह गया |

17. अर्ध रात्रि का अर्ध चंद्र

आज अनायास ही अर्ध रात्रि में
दिखी अर्ध चंद्र की अद्भुत आभा
मानो अँधेरे ने अचानक
अपनी आधी मुस्कान उघाड़ दी हो।

अजीब है, जो घटनाएँ प्रतिदिन
अपनी ही लय में बहती रहती हैं,
अनायास ही दिखती हैं,
जैसे किसी गुप्त रहस्य ने
क्षणभर को परदा हटा दिया हो।

जैसे अनायास दिख जाता
बगीचे में खिला फूलों का गुच्छा,
साँझ दरीचे से आती
बच्चों की खेलती आवाज़ें,
भोर क्षितिज पर उभरती
शर्माती केसरिया लालिमा।

कभी हवा में तैरती
किसी पुराने गीत की हल्की महक,
कभी सड़क किनारे, पेड़ तले बैठा
निश्चल, सौम्य, जीवंत चेहरा।

कभी कागज़ के टुकड़े सा उड़ता

एक शरारती कपोत
तो कभी बारिश की एक बूँद का
अचानक हथेलियों पर उतर आना |

जैसे हर दिन जीते जीते
अनायास जी लेते
पूरी जिंदगी कभी कभी |

18. वेदनविहीन

अल्पायु, अपरिपक्वता, अतिरंजित संवेदना
और अनावश्यक व्याकुल, उद्वेलित मैं

तुच्छ से विघ्न पर गहन प्रतिक्रिया
लघु सी घटना में व्यापक अंतर्द्वंद
परायी वेदना में निजी आर्तनाद
रुदन की आहट, भीतरी अराजकता
अन्याय का संकेत भर
और भीतर उठता प्रतिरोध का ज्वार
मनोभावों का निरंतर उतार-चढ़ाव,
और उनमें डूबता-उतरता अस्तित्व
कविता, शब्द मात्र नहीं भावों का समागम

अब, श्मशान-अग्नि से भी अविचलित दृष्टि
मनोदशा का परिवर्तन, अस्पंदित मौन मन
रुदन से पूर्व कारण,
संवेदना से पूर्व तर्क
रिक्तता, उस ख़ाली पन्ने सा
मानो लेखन की मुद्रा में बैठी मैं
वेदना विहीन शब्दों सा
विचारों की सीढ़ियों से उतरते पन्नों पर

और फिर वही प्रश्न, बेहतर कौन

व्यथित मैं और सृजन का संतोष
या मेरे ख़ाली शुष्क शब्द ?

19. संघर्ष

देश का हर मुद्दा अब बस
सियासत का ही मसला है
किसी प्रश्न पर बात उठे तो
पक्ष-विपक्ष का काफ़िला है।

यह वाम खड़ा, वह दक्षिण है,
हर सोच वहीं बँट जाती है,
सवाल कभी जो हल ढूँढते,
बहस दलों तक रह जाती है।

काल कभी ऐसा था जब
सत्य-असत्य स्पष्ट खड़े थे,
संघर्ष किसी पक्ष का नहीं,
मानवता के संग जुड़े थे।

आज रोटी, शिक्षा, जीवन
सब मुद्दों में ढल जाते हैं
रोगी की निःशब्द पीड़ा तक
वाद-विवाद में खो जाते हैं।

भूख अभी भी जीवित है,
ज्ञान अभी भी दुर्लभ है,
स्वास्थ्य, सम्मानित जीवन
बस अधिकारों तक सीमित है।

दोष अकेली सत्ता का क्या,
जन भी इससे अछूते नहीं;
विचारों में उलझे रहते हैं,
पर मूल प्रश्न छूते नहीं।

स्मरण रहे
सियासत केवल साधन है,
मानव ही उसका कारण है,
जब लक्ष्य ही धुँधला हो जाए,
हर प्रयास बस आवरण है।

उठो, बिना आरोपों के उठो,
एक लक्ष्य, एक पथ स्पष्ट,
जहाँ मानवता ही सत्य ठहरे,
और करुणा ही हो अभिव्यक्त।

20. अंतर्द्वंद्व

काँपते हाथ-पाँव,
हवा सा हल्का किंतु ,
तेज़ भागती धड़कन,
और इन सब के बीच
साँसों को थामे रखने की जद्दोजहद।

एक अंजाना भय
अकारण,
पर अनंत सा फैलता हुआ,
धीरे-धीरे घेरता हुआ।

कुछ बदल गया है,
कुछ अब भी बदलता जा रहा है लगातार,
कुछ चुपचाप ख़त्म हो रहा है।

इन सब के बाद
जो बचेगा
तो इंसान
शायद मैं नहीं होऊँगी।

21. दूरी

नदियों का 'कोई नदी' होना
किससे तय होता है
उसके उद्गम से,
लंबी, थकी हुई यात्राओं से,
या उस आख़िरी संगम से
जहाँ वह खुद को खो देती है?

यदि ये तमाम दुनिया
उसके़ तमाम तथ्य, मान्यताएँ
कुछ भी नहीं होती
तो क्या ऐसे ही होते
मैं और तुम ?

अगर नहीं तो क्या
मेरे होने और मेरे 'मैं' होने
तुम्हारे होने और तुम्हारे 'तुम' होने
के बीच की दूरी
उन असंख्य सालों की है
जब से जीवन ने पहली बार सांस ली थी?

यदि हाँ, तो फिर
ताज्जुब है मुझे इस बात पर
की बराबर की दूरी तय कर के भी
हम इतने दूर कैसे हैं !!

www.ingramcontent.com/pod-product-compliance
Lightning Source LLC
Chambersburg PA
CBHW070653240926
51846CB00003BA/898
* 9 7 8 9 3 7 5 4 3 6 2 3 2 *